BEI GRIN MACHT SICH IHR WISSEN BEZAHLT

- Wir veröffentlichen Ihre Hausarbeit,
  Bachelor- und Masterarbeit

- Ihr eigenes eBook und Buch -
  weltweit in allen wichtigen Shops

- Verdienen Sie an jedem Verkauf

Jetzt bei www.GRIN.com hochladen und kostenlos publizieren

Bibliografische Information der Deutschen Nationalbibliothek:

Die Deutsche Bibliothek verzeichnet diese Publikation in der Deutschen National-
bibliografie; detaillierte bibliografische Daten sind im Internet über http://dnb.d-
nb.de/ abrufbar.

Impressum:

Copyright © 2018 GRIN Verlag
Druck und Bindung: Books on Demand GmbH, Norderstedt Germany
ISBN: 9783668657199

Dieses Buch bei GRIN:

https://www.grin.com/document/414393

Anonym

Preismanagement, Strategische Analysemethoden, Corporate Identiy und Digitalisierung in der Fitness- und Gesundheitsbranche im Bereich Fitnessökonomie

GRIN Verlag

GRIN - Your knowledge has value

Der GRIN Verlag publiziert seit 1998 wissenschaftliche Arbeiten von Studenten, Hochschullehrern und anderen Akademikern als eBook und gedrucktes Buch. Die Verlagswebsite www.grin.com ist die ideale Plattform zur Veröffentlichung von Hausarbeiten, Abschlussarbeiten, wissenschaftlichen Aufsätzen, Dissertationen und Fachbüchern.

Besuchen Sie uns im Internet:

http://www.grin.com/

http://www.facebook.com/grincom

http://www.twitter.com/grin_com

Deutsche Hochschule für
Prävention und Gesundheitsmanagement
Hermann Neuberger Sportschule 3
66123 Saarbrücken

Einsendeaufgabe

Fachmodul: Marketing 2

Studiengang: Fitnessökonomie

Datum
Präsenzphase: 08.01. – 11.01.2018

Studienort: **München**

Semester: **SS15**

Inhaltsverzeichnis

1 Preismanagement und Kooperationen

1.1 Preiselastizität der Nachfrage

Preiselastizität der Nachfrage:

$$(\varepsilon) = \frac{\text{Änderung der Menge in \%}}{\text{Änderung des Preises in \%}}$$

Mitgliedsbeitrag:	40,90 €	100,00 %
Beitragserhöhung:	5,00 €	+12,22 %
Mitgliedsbeitrag erhöht:	45,90 €	112,22 %

Mitgliederbestand Januar 2017:	2.700 Mitglieder	100,00 %
Mitgliederverlust:	300 Mitglieder	-11,11 %
Stand nach Preiserhöhung:	2.400 Mitglieder	88,89 %

$$\textbf{Preiselastizität der Nachfrage } (\varepsilon) = \left| \frac{-11,11\,\%}{12,22\,\%} \right| = |-0,91|$$

Die Preiselastizität der Nachfrage () beträgt 0 ,91, da < |1| ist, hande lt es sich hierbei um eine unelastische Nachfrage. Das heißt, dass eine 1-prozentige Preisänderung eine weniger als 1-prozentige Mengenänderung zu Folge hat. Eine relevante Aussage für die Preisbildung ist, „Je unelastischer die Nachfrage auf eine Preisänderung reagiert, desto mehr lohnt es sich als Anbieter, seine Produkte bzw. Dienstleistungen zu hohen Preisen anzubieten. Gründe für die unelastische Nachfrage können zum Beispiel sein, dass die Preisveränderung vom Käufer nicht sofort wahrgenommen wird, es keine Alternativen für dieses Produkt oder die Dienstleistung zu kaufen gibt oder der Konsument davon ausgeht, dass die Preiserhöhung Folge einer Qualitätsverbesserung ist (Kotler & Blie-mel, 2006, S. 826-827). Durch die Mitgliedsbeitragserhöhung von 5,00 € verringert sich der Umsatz minimal um 270,00 €. Die Preiserhöhung erscheint trotzdem sinnvoll, da durch den Verlust der 300 Mitglieder mehr Kapazität für Interessenten entsteht, die be-reit sind, mehr zu zahlen.

1.2 Preisbildung

1.2.1 Anlässe der Preisbildung

Wird die Überlegung weitere Anlagen auf dem deutschen Fitness- und Gesundheits-
markt zu eröffnen in die Tat umgesetzt, verändert sich die interne Kostenstruktur des
Unternehmens. Diese Aktion beeinflusst den Preis, da mehr Kosten im Bereich Lohn,
Marketing, Miete, usw. entstehen. Somit ist die Erhöhung der Mitgliedsbeiträge eine
Möglichkeit um diese Kosten auszugleichen (Meffert, Burmann et al., 2015, S. 487-
488).

Als Produkt- und Leistungsstrategie nach der Ansoff-Matrix könnte die Marktdurchdringung angewendet werden. Die X&Y GmbH möchte den Marktanteil ausbauen und
eine Ausdehnung des Marktvolumens erzielen, welches sie mit bestehenden Produkten
auf den aktuellen Märkten erzielen kann (Nieschlag et al., 2002, S. 900).

1.2.2 Kostenorientierte Preisbildung

Fixkosten:	650.000,00 € / Jahr	:12	=	54.166,67 € / Monat
Mitglieder:	2.800			
Variable Kosten:	8,50 € / Mitglied / Monat			
Gewinnzuschlag:	15 %			

$$Mitgliedsbeitrag = 8,50 \text{ €} + \frac{54.166,67 \text{ €}}{2.800 \ Mitglieder} = 27,85 \text{ €}$$

$$Mitgliedsbeitrag \ (Gewinnzuschlag)$$
$$= 27,85 \text{ €} * 0,15 = 4,18 \text{ €}$$
$$= 27,85 \text{ €} + 4,18 \text{ €} = 32,03 \text{ €} \ netto$$
$$= 32,03 * 1,19 = \mathbf{38,12 \text{ €}} \ \boldsymbol{brutto}$$

Der Mitgliedsbeitrag beläuft sich auf **38,12 €** unter Berücksichtigung des Gewinnzu-
schlags von 15 %.

1.2.3   Konkurrenzorientierte Preisbildung

„Bei konkurrenzorientierten Preisbildungsverfahren werden die festzulegenden Preise an denen der Konkurrenz ausgerichtet, unabhängig von der unternehmensindividuellen Kosten- oder Nachfragsituation (Weis, 2012, S. 388). Die konkurrenzorientierte Preisbildung wird in zwei Formen unterteilt. Einmal die Preisbildung durch Orientierung an Marktpreisen und die Preisbildung in öffentlichen Ausschreibungen (Schlaffke & Plünnecke, 2017, S. 170). Im Fall der X&Y GmbH besteht die Preisbildung durch Orientierung an Marktpreisen. Ein Konkurrent möchte im Marktgebiet der X&Y GmbH eine neue Anlage eröffnen und seine Mitgliedsbeiträge 5,00 € - 10,00 € günstiger anbieten als die X&Y GmbH geplant hat. Trotz dem Risiko, dass Kunden sich von dem preisgünstigeren Angebot locken lassen, ist von einer Preissenkung abzuraten. Ein wichtiger Grund gegen die Preisanpassung ist zum Beispiel die Tatsache, dass sich die X&Y GmbH durch guten Service und Dienstleistungen am Markt positioniert hat. Um diesen Standard halten zu können ist es kontraproduktiv die Mitgliedsbeiträge zu senken, da somit an anderen Stellen wie zum Beispiel den Lohnkosten gespart werden um weiterhin Gewinne erzielen zu können. Das wiederrum wirkt sich negativ auf die hohe Service- und Dienstleistungsorientierung aus und kann dem Image der X&Y GmbH erheblich schaden.

2 Strategische Analysemethoden

2.1 Five-Forces-Modell

In folgender Tabelle werden die 5 Wettbewerbskräfte dargestellt, die auf das Unternehmen Freeletics einwirken.

Tabelle 1: Wettbewerbskräfte in Bezug auf die Freeletics GmbH

Wettbewerbskraft	Erläuterung/Begründung
Mitbewerber/Rivalität	Diese Kraft beschreibt die Konkurrenz zwischen vorhandenen Marktteilnehmern. Heutzutage werden laufend neue Fitness-Apps entwickelt wodurch die Rivalität immer größer wird. Oft unterscheiden sich die einzelnen Apps kaum noch in Inhalt und Funktion, dadurch können sich nur noch die Apps mit den günstigsten Preisen am Markt positionieren.
Potenzielle Mitbewerber	Der Wettbewerbsdruck ist für bestehende Unternehmen auf Grund des einfachen Eintritts in den Markt für andere Unternehmen sehr groß. Kundenzufriedenheit ist in diesem Bereich besonders relevant um bestehende Kunden von einem Wechsel abhalten zu können. Somit muss sich das Unternehmen Freeletics von anderen Fitness-Apps abheben. Dies kann durch besonderes Fachwissen oder durch einzigartige patentierte Funktionen garantiert werden.
Zulieferer	Der Zulieferer hat eine hohe Verhandlungsmacht in Hinsicht auf die Preisbildung der Freeletics App. In Bezug auf eine App stellt der Zulieferer der Appstore, den es nur einmal im Betriebssystem gibt, dar. Um eine App auf den Markt bringen zu können werden Gebühren verlangt, sobald diese sich erhöhen, kann dies Auswirkungen auf den Preis unserer App haben.
Ersatzprodukte	Ein Ersatzprodukt stellt immer eine Bedrohung für ein Unternehmen dar. Vor allem kostengünstigere oder leistungsfähigere Apps können Freeletics in die Quere kommen. Dadurch ist es wichtig ständig auf dem neusten Stand zu sein und die App laufend zu optimieren um die beste Qualität zu erreichen. Nur so werden Ersatzprodukte uninteressant.
Kunden	Das Internet ist heutzutage ein wichtiges Informationszentrum. Interessenten haben dadurch die Möglichkeit verschiedene Apps in Hinsicht auf die Qualität und den Preis miteinander zu vergleichen. Der Kunde kann vorab entscheiden, welche Funktionen für ihn wichtig sind und welchen Preis er dafür bezahlen möchte.

2.2 Durchführung einer SWOT-Analyse

Der Begriff „SWOT" enthält die Begriffe Stärken, Schwächen, Chancen und Risiken (Kotler, Keller & Opresnik, 2015, S. 62-63). In folgender Tabelle wird die SWOT-Analyse für die Freeletics GmbH durchgeführt.

Tabelle 2: SWOT-Analyse in Bezug auf die Freeletics GmbH

Intern	
Stärken	**Beispiel**
Organisation	Trotz einer geringen Anzahl an Angestellten können Millionen Menschen erreicht werden.
Umsatz	Der Umsatz des Unternehmens stieg im zweiten vollen Geschäftsjahr auf 16. Mio € an. Das ist ein Wachstum von 300 % im Gegensatz zum Vorjahr (Kirsch, 2016).
Community	Ständig wachsende Community, die sich gegenseitig motiviert und unterstützt.
Schwächen	**Beispiel**
Trainingsangebot	Die Übungsausführung wird nicht kontrolliert, da man nur die Freeletics Videos zur Orientierung hat, durch ständige Fehlbelastungen steigt das Verletzungsrisiko.
Fluktuation	Bei Kündigung können Mitglieder nicht durch besonders intensive Betreuung vom Gegenteil überzeugt werden.
Kundenbindung	Es besteht hier ein starres Programm, wodurch nicht auf einzelne Kunden eingegangen werden kann um die Bindung zu intensivieren und die Kunden langfristig zu binden.
Extern	
Chancen	**Beispiel**
Standorte	Durch die Eröffnung von Studios können Kunden vor Ort besser und individueller betreut und motiviert werden.
Angebot erweitern	Die Trainingsbelastung für Senioren ist mit diesem Trainingsprogramm derzeit zu groß, es könnte ein spezielles Senioren Programm entwickelt werden.
Expansion	Durch die Eröffnung neuer Standorte in anderen Ländern, mit neuen Sprachen können noch mehr Mitglieder generiert werden.
Risiken	**Beispiel**
Wettbewerber	Es werden immer mehr Fitness-Apps entwickelt wodurch der Konkurrenzdruck steigt.
Technologischer Fortschritt	Es wird immer schwerer den technologischen Entwicklungen stand halten zu können.
Konsumverhalten	Was im Moment Trend ist kann schnell durch neue Trends ersetzt werden.

2.3 Erstellung einer SWOT-Matrix

Tabelle 3: SWOT-Matrix (modifiziert nach Meffert, Burmann &Kirchgeorg, 2015)

SWOT- Matrix		Externe Analyse	
		Chancen - Standorte - Angebot erweitern - Expansion	**Risiken** - Wettbewerber - Technologischer Fortschritt - Konsumverhalten
Interne Analyse	**Stärken** - Organisation - Umsatz - Community	**SO-Strategien** - Durch die Erweiterung des Angebots können noch größere Umsätze erzielt werden. - Die Community kann durch die Eröffnung von Studios vergrößert und noch besser betreut und motiviert werden.	**ST-Strategien** - In einer Community werden Freundschaften geschlossen, wodurch verhindert werden kann, dass Mitglieder zu anderen Anbietern wechseln. - Um den technologischen Fortschritten stand halten zu können, kann der erwirtschaftete Umsatz für die Entwicklung eingesetzt werden.
	Schwächen - Trainingsangebot - Fluktuation - Kundenbindung	**WO-Strategien** - Die Fluktuationsrate kann durch persönliche Betreuung in Studios vor Ort minimiert werden. - Durch die Erweiterung des Angebots können Mitglieder gebunden werden	**WT-Strategien** - Durch die Erweiterung des Angebots kann Freeletics mehr Menschen für sich begeistern und Wettbewerber abhängen. - Die Fluktuationsquote kann durch technische Fortschritte gering halten werden

2.4 BCG-Portfolio und Produktlebenszyklus

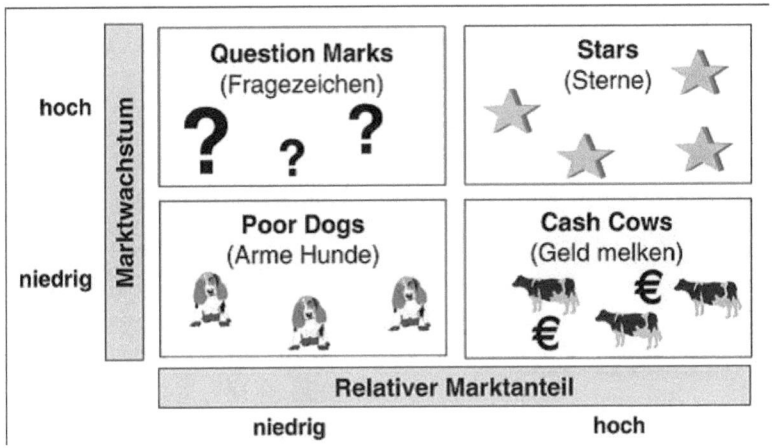

Abbildung 1: BCG-Portfolio (www.controlling-wiki.com)

Die letzten Jahre stieg das Interesse der Menschen in Hinsicht auf die Gesundheit und die körperliche Fitness drastisch an. Somit haben nicht nur die Fitnessstudios Rekordumsätze gemacht. Auch im Appstore sind inzwischen zahlreiche Apps zu finden, die sich genau mit diesem Thema beschäftigen. Die Meisten der Fitness Apps befinden sich in Bezug auf die BCG-Portfolio im Bereich **„Question Marks"**. Sie besitzen bisher einen relativ niedrigen Marktanteil in schnell wachsenden Märkten. Durch die hohe finanzielle Last, schaffen es nur die Besten sich als „Stars" zu behaupten.

Der Produktlebenszyklus ist in verschiedene Phasen eingeteilt.

In der **Entwicklungsphase** entstand zuerst die Idee, die dann zum verkaufsfähigen Produkt entwickelt wurde. Hierbei werden noch keine Umsätze gemacht, dafür muss in der Regel investiert werden (Kotler et al., 2015, S. 389). Im Fall Freeletics sind jedoch kaum Investitionskosten zu Stande gekommen, da die App von den Gründern selbst entwickelt und im Appstore hochgeladen wurde.

Kommt ein Unternehmen neu auf den Markt befindet es sich in der **Einführungsphase**, diese ist vor allem durch die niedrigen Umsätze gekennzeichnet. Die Freeletics GmbH unterscheidet sich stark von anderen Unternehmen in dieser Phase. Hier stieg der Umsatz von Anfang an stark, bereits jetzt hat Freeletics einen großen Erfolg und die Gewinnschwelle wurde schnell erreicht (Weis, 2012, S. 277). Das Unternehmen durchlief diese Phase mit rasantem Tempo und gelang direkt in die **Wachstumsphase**. Diese ist durch eine wachsende Nachfrage, stark steigenden Umsätzen gekennzeichnet. Das Produkt wird erstmals von Konsumenten akzeptiert. Hierbei erhöht sich jedoch auch die Anzahl der Konkurrenten (Weis, 2012, S. 277-278). Freeletics unterscheidet sich in dieser Phase kaum von anderen Unternehmen, jedoch können Konkurrenten kaum mithalten.

Die folgende **Reifephase** charakterisiert sich durch die Steigerung des Umsatzes, Freeletics ist bereits auf dem Weg den Umsatz zu maximieren. Hierbei spielen Geldgeber eine wichtige Rolle um zu verhindern, dass die Sättigungsphase erreicht wird. Außerdem steigt die Zahl der Konkurrenten in dieser Phase immer weiter an (Weis, 2012, S. 278). Im Vergleich zu anderen Unternehmen war bei Freeletics noch keine Preissenkung notwendig.

2.5 Fazit

In Bezug auf die Stärken des Unternehmens Bodystreet ist vor allem der Umsatz hervorzuheben, der Ende des Jahres 2017 im Vergleich zum Vorjahr 9,8 % anstieg und nun über 3 Millionen Euro ausmacht. Außerdem ist durch das Personaltraining eine starke Kundenbindung möglich wodurch eine geringe Fluktuationsquote zu erkennen ist.

Eine Schwäche des Unternehmens ist das Trainingsangebot, das sehr einseitig ist und durch verschiedene Variationen abwechslungsreicher gestaltet werden könnte.

Als Chance gilt bei Bodystreet die Expansion in andere Länder. Hier ist das Franchiseunternehmen bereits auf einem guten Weg. Teils wurden sogar schon Studios in anderen Ländern und auf anderen Kontinenten eröffnet. Für dieses Jahr ist trotzdem noch einiges an Neueröffnungen im Ausland geplant.

Als Risiko ist auf jeden Fall der wachsende Markt was EMS-Training angeht einzustufen. Die Nachfrage ist groß, wodurch auch andere EMS-Anbieter wachsen und immer mehr Einzelunternehmer oder sogar normale Fitnessstudios auf die Idee kommen EMS-Training anzubieten.

3 Corporate Identity

3.1 Interview Analyse

In den folgenden Unterpunkten werden Fragen über das Interview mit Firmengründer Werner Kieser und dem Chef der Markenführung Patrik Meier beantwortet.

3.1.1 Kennzeichen einer überarbeiteten Corporate Identity bei Kieser

Tabelle 4: Überarbeitung der Corporate Identity bei Kieser

Alte Corporate Identity	Überarbeitete Corporate Identity
1. Anpassung der Zielgruppe	
Ausgerichtet auf Menschen zwischen 50-70 Jahren	Ausgerichtet auf Menschen im Alter zwischen 30-50 Jahren
2. Änderung der Logofarbe	
gelb	blau
3. Überarbeitung des Images	
Kieser Training ist für Alte und Kranke	Kieser Training hilft Menschen schmerzfrei, stark und schön zu werden
4. Veränderung des Leitsatzes	
„Ein starker Körper kennt keinen Schmerz"	„Ja zu einem starken Körper"
5. Einsatz von Werbung	
90 % über Empfehlungen, der Rest durch Presseberichte	Website, soziale Medien, Kundenmagazin, Blog
6. Auftritt nach Außen	
Nur durch gelbe Logos	Bilder von Menschen, in unbeschwerten Lebenssituationen

3.1.2 Gründe für eine neue Ausrichtung der CI und welche für Kieser zutreffen.

Corporate Identity ist ein wichtiger Teil der strategischen Unternehmensführung. Ziel ist es, die Identität des Unternehmens aufzuzeigen, welche das Unternehmen intern und extern repräsentiert. Das charakteristisch einmalige Unternehmensbild soll einen unverwechselbaren Wiedererkennungswert haben um Vertrauen als Grundlage für die

Kommunikation zu schaffen. Die Herausforderungen des Marktes verändern sich ständig, somit muss auch die Corporate Identity laufend überarbeitet und angepasst werden.

Verschiedene Gründe für die Anpassung einer Corporate Identity sind zum Beispiel:

- Entwicklung eines neuen Produkts   - Wechsel des Inhabers
- Imagekorrektur   - Weiterentwicklung
- Auftritt nicht mehr aktuell   - Änderung der Zielgruppe

In Bezug auf das Unternehmen Kieser Training sind folgende 4 Gründe zur Veränderung der Corporate Identity ersichtlich:

- Veränderung der Zielgruppe: Zur Zielgruppe von Kieser Training gehörte lange Zeit die ältere Generation im Alter von 50-70 Jahren. Von dieser Altersgruppe trainierten hauptsächlich die Personen, die vor allem ihren Rücken stärken wollen um Schmerzen zu lindern. Nun hat sich das Unternehmen neu Positioniert und spricht auch Menschen zwischen 30-50 Jahren an.

- Imagekorrektur: Anfangs lautete der Leitsatz „Ein starker Körper kennt keinen Schmerz", somit haben sich hauptsächlich Menschen angesprochen gefühlt, die bereits Schmerzen haben, das hat sich in den Köpfen der Menschen eingebrannt und somit war das Image – bei Kieser trainieren Alte und Kranke. Nun lautet der Leitsatz „Ja zu einem starken Körper" und es können sich Personen in allen Altersgruppen damit identifizieren.

- Neue Medien (Werbung): Kieser Training hat bisher keine Werbung gemacht und fast alle Mitglieder durch Empfehlungen erhalten. Durch den Einsatz von verschiedenen sozialen Medien lassen sich noch mehr Menschen erreichen und das in den unterschiedlichsten Altersklassen.

- Abänderung des Logos: Das Logo von Kieser hatte keinen besonderen Wiedererkennungswert und wurde durch die Farben Gelb und Schwarz oft verwechselt. Durch den Wechsel zu der Farbe Blau hebt sich Kieser Training von anderen großen Fitnessketten ab.

3.1.3 Unternehmen Marken, die eine derartige Veränderung vorgenommen haben

Tabelle 5: Vier Unternehmen mit Veränderungen

OPEL	Das Image von Opel musste die letzten Jahre einiges einstecken und galt als veraltet und dem Abgrund nahe. Um wieder höhere Gewinne erzielen zu können musste sich das Image verändern um die Marke auch für jüngere Käufer interessant zu machen. Opel Chef Neumann möchte, dass die Marke für „deutsch, nahbar und aufregend" steht. Durch neue Modelle mit überarbeitetem modernem Design wurden die Fahrzeuge nun für Käufer wieder interessant (n-tv, 2013).
JÄGERMEISTER	Noch im Jahre 2000 galt Jägermeister als alt und verstaubt und hatte einen geringen Umsatz. Als Zielgruppe galten Senioren, die die Spirituose in den eigenen 4 Wänden als Absacker tranken. Das Ziel der Verantwortlichen war, dass Jägermeister von jungen Menschen außerhalb des Hauses getrunken wird und das nicht nur als Absacker nach dem Essen. Durch neue moderne Marketingmethoden wurde das geschafft. Jägermeister steht nun auf Platz 7 der meist getrunkenen Spirituosen weltweit (Spall.macht.Marke, 2014).
REEBOK	Der Fitnessmarkt wird immer größer und somit auch die Firmen der Anbieter von Sportbekleidung. Die Marken Nike und Adidas sind Reebok weit voraus was der Grund dafür ist, dass Reebok nach 30 Jahren das Logo ändert. Durch den Wechsel erhofft sich das Unternehmen höhere Gewinne und eine bessere Positionierung am Markt (Horizont, 2014).
NIVEA	Als sich in den zwanziger Jahren ein neues Lebensgefühl entwickelt, das sich durch Jugend, Sportlichkeit und Freizeit kennzeichnete reagierte Nivea sofort. Aus dem vorher eher unscheinbaren Design wird die blaue Dose mit der weißen Aufschrift wie wir sie alle kennen. Nivea passte sich dem Markenprofil der Zeit an und schuf dadurch ein prägnantes Merkmal, das heute einen einmaligen Wiedererkennungswert hat (Beiersdorf 2013).

3.2 Marktstrategien

3.2.1   Marktbearbeitungsstrategie und Wettbewerbsstrategie von Kieser

Marktbearbeitungsstrategie: Kieser Training hat sich seit Jahren auf ein Produkt spezialisiert, das mehreren Kundengruppen angeboten wird (Gerätetraining an Maschinen) Deshalb handelt es sich hier um die **Produktspezialisierung** (Kotler & Bliemel, 2006, S. 453 ff.).

Wettbewerbsstrategie: Das Unternehmen versucht eigene Leistungen für eine Branche einzigartig zu gestalten dafür aber einen höheren Preis zu erzielen (Weis, 2012, S.153). Kieser setzt sich durch besondere Servicequalität von anderen Studios ab, deshalb handelt es sich hier um die **Differenzierungsstrategie** (Kotler & Bliemel, 2006, S.139).

3.2.2   Strategien, auf Basis der Produkt- Markt-Matrix, die Kieser Training anwendet

Eine der Strategien der Produkt-Markt-Matrix nach Ansoff, die Kieser Training verwendet ist die **Produktentwicklung.** Kieser bietet auf einem bestehenden Markt ein neues Produkt an. Wichtig für dieses Produkt ist, dass es als „einzigartig, unterschiedlich, anders und käuferspezifisch" wahrgenommen wird (Meffert, Burmann et al., 2015, S.255; Nieschlag et al., 2002, S.901; Weis, 2012, S.161). Im Fall Kieser werden zwei neue Produkte entwickelt einmal die Sprunggelenkmaschine und ein Beckenbodentrainingsgerät.

„Bei der **Marktdurchdringung** will das Unternehmen mit vorhandenen Produkten auf gegenwärtigen Märkten eine Vergrößerung des Marktanteiles und eine Ausweitung des Marktvolumens erzielen" (Nieschlag et al., 2002, S. 900). In Hinsicht auf die Werbung hat Kieser durch die Überarbeitung der Corporate Identity viele Mitglieder gewinnen können.

4 Digitalisierung in der Fitness- & Gesundheitsbranche

Tabelle 6: Vier Vorschläge zur Umgestaltung

Vorschlag	Erläuterung
Online Marketing	Werbung über das Internet vor allem über soziale Medien wird immer attraktiver. Zum einen fallen weniger Kosten an als zum Beispiel beim Flyerdruck oder beim Veröffentlichen eines Zeitungsberichts und zum anderen wird eine komplett neue Zielgruppe angesprochen. Zudem kann mehrmals wöchentlich Werbung gemacht werden wodurch das Studio Aufmerksamkeit auf sich zieht.
Digitale Datenerfassung	Die digitale Datenerfassung gibt die Möglichkeit Mitglieder einzuchecken. Dadurch können Mitglieder die schon längere Zeit nicht mehr anwesend waren direkt angesprochen und zum Training motiviert werden. Außerdem können persönliche Vorlieben des Mitglieds festgehalten werden (z.B. Lieblingsshake), was die Kundenbindung aufbaut und Mitglieder von einer Kündigung abhalten könnte.
App	Im Zeitalter des Smartphones ist es wichtig sich diesem Fortschritt anzupassen. Durch eine App mit den Unterpunkten Training, Ernährung und Körperanalyse können verschiedene Ziele dokumentiert werden. Das schafft vor allem Motivation und kann einen Vorher-Nachher Vergleich schaffen.
Website	Oft informieren sich Interessenten über die Website über Kursangebote, Preise und Öffnungszeiten. So können Kunden sich schon vor einem Probetraining ein Bild über das Studio machen.

Tabelle 7: Vier Risiken, die aus der Umgestaltung entstehen können

Risiko	Lösungsvorschlag
Über soziale Medien können schlechte Bewertungen geschrieben werden.	Auf schlechte Bewertungen sollte immer sachlich geantwortet werden. Man kann sich Beispielsweise für die Kritik bedanken und darauf eingehen, dass es in Zukunft besser gemacht wird. Das zeigt anderen Menschen, dass die Kritik angenommen wird und es das Studio das nächste Mal besser machen wird.
Durch das Angeben des Preises auf der Website kann die Mitgliedschaft durch die hohen Kosten schon vor dem Probetraining uninteressant werden.	Auf der Website sollte nur der günstigste Preis angegeben werden (z.B. ab 50,00 €) und nicht der Preis der Zusatzangebote die extra kosten (Kursprogramm oder Sauna).
Die Entwicklung einer App ist sehr kostenaufwendig, somit ist das Risiko hoch, dass diese sich nicht rentiert.	Die App kann im Appstore für ein paar Euro zusätzlich angeboten werden, um einen Teil der Kosten decken zu können.
Bekommen Mitglieder mit, dass die Daten online erfasst werden, kann die Sorge bestehen, dass diese im Internet auftauchen.	Klar bei Vertragsabschluss kommunizieren, dass die Daten online erfasst werden jedoch nur die Mitarbeiter des Studios Zugriff darauf haben.

5   Literaturverzeichnis

Beiersdorf (2013): Immer am Puls der Zeit. Die Weltmarke NIVEA. Online verfügbar unter https://www.beiersdorf.de/marken/markengeschichte/nivea, zuletzt geprüft am 15.01.2018.

Deutsches Institut für Marketing (Hg.): Corporate Identity. Online verfügbar unter https://www.marketinginstitut.biz/blog/corporate-identity/, zuletzt geprüft am 14.01.2018.

HORIZONT (2014): 4 Gründe für das neue Marken Logo von Reebok. Hg. v. Santiago Campillo-Lundbeck. Online verfügbar unter http://www.horizont.net/marketing/nachrichten/Sportmarken-Vier-Gruende-fuer-das-neue-Marken-Logo-von-Reebok-119491, zuletzt geprüft am 14.01.2018.

Imagewechsel der Traditionsmarke. Opel will jünger und moderner werden (2013). N-tv. Online verfügbar unter https://www.n-tv.de/wirtschaft/Opel-will-juenger-und-moderner-werden-article11156401.html, zuletzt geprüft am 14.01.2018.

Jägermeister erobert weiter die Welt (2010). Süddeutsche Zeitung. Online verfügbar unter http://www.sueddeutsche.de/wirtschaft/einstige-altherren-marke-jaegermeister-erobert-weiter-die-welt-1.901807, zuletzt geprüft am 15.01.2018.

Kirsch, J. (2016): Freeletics wächst auf 16 Mio. € (+300%) und setzt auf weitere Services. Exciting Commerce. Online verfügbar unter https://excitingcommerce.de/2016/06/26/freeletics-wachst-auf-16-mio-e-300-und-setzt-auf-ernahrung/, zuletzt geprüft am 15.01.2018.

Kotler, P. & Bliemel, F. (2006). *Marketing-Management. Analyse, Planung und Verwirklichung* (10., überarbeitete und aktualisierte Aufl.). München: Pearson.

Kotler, P., Keller, K. L. & Opresnik, M. O. (2015). *Marketing-Management. Konzepte - Instrumente - Unternehmensfallstudien* (Pearson Studium - Economic BWL, 14., aktualisierte Auflage). Hallbergmoos: Pearson.

Heinzerling, M. (2014): Freeletic - Vorteile und Kritik. Online verfügbar unter https://mheinzerling.de/blog/freeletics-vorteile-und-kritik/, zuletzt geprüft am 15.01.2018.

Meffert, H., Burmann, C. & Kirchgeorg, M. (2015). *Marketing. Grundlagen marktorientierter Unternehmensführung Konzepte - Instrumente - Praxisbeispiele* (SpringerLink: Bücher, 12., überarb. u. aktualisierte Aufl. 2014). Wiesbaden: Springer Gabler.

Nieschlag, R., Dichtl, E. & Hörschgen, H. (2002). *Marketing* (19., überarbeitete und ergänzte Aufl.). Berlin: Duncker und Humblot.

Porter, M. E. (2000). *Wettbewerbsvorteile. Spitzenleistungen erreichen und behaupten* (6. Aufl.). Frankfurt: Campus-Verl.

Recklies, D. (2001): Porters 5 Wettbewerbskräfte. Online verfügbar unter http://www.themanagement.de/Ressources/P5F.htm#_Toc506359952, zuletzt geprüft am 14.01.2018.

Wann wird ein neuer Unternehmensauftritt zum Thema? Erkennen, wann Corporate Design auf die Traktandenliste gehört. Online verfügbar unter https://www.gutkommuniziert.ch/fachwissen/corporate-design/gr%C3%BCnde-f%C3%BCr-neues-cd/, zuletzt geprüft am 15.01.2018.

Weis, H. C. (2012). *Marketing* (Kompendium der praktischen Betriebswirtschaft, 16., verbesserte und aktualisierte Auflage). Herne, Westf: NWB Verlag

6   Abbildungs- und Tabellenverzeichnis

6.1   Abbildungsverzeichnis

6.2   Tabellenverzeichnis

BEI GRIN MACHT SICH IHR WISSEN BEZAHLT

- Wir veröffentlichen Ihre Hausarbeit, Bachelor- und Masterarbeit

- Ihr eigenes eBook und Buch - weltweit in allen wichtigen Shops

- Verdienen Sie an jedem Verkauf

Jetzt bei www.GRIN.com hochladen und kostenlos publizieren